Als Schauspieler haben Michael Ande viele Millionen Menschen kennen und lieben gelernt. Ob als Kinder- und Jugendstar in den Klassikern »Die Trapp-Familie« und »Schatzinsel« oder als Gerd Heymann in der erfolgreichen ZDF-Reihe »Der Alte«: Der 57-jährige hat eines der bekanntesten deutschen Fernsehgesichter.

Doch Michael Ande steht nicht nur vor der Kamera, sondern seit Jahren mit derselben Leidenschaft auch als Fotograf dahinter. Für die SKV-EDITION öffnete er jetzt erstmals seine Alben und hat einige seiner Schwarz-Weiß-Aufnahmen in einer Buchreihe verarbeitet.

Michael Ande in der SKV-EDITION:
Den Augenblick genießen (Bestell-Nr. 94 851), Mut zur Lebensfreude (Bestell-Nr. 94 852), Das kleine Glück ist überall (Bestell-Nr. 94 853), Wünsche, die das Leben begleiten (Bestell-Nr. 94 854)

Michael Ande

Den Augenblick genießen

SKV-EDITION

Das Leben gleicht einem Buche. Toren durchblättern es flüchtig;
der Weise liest es mit Bedacht, weil er weiß, dass er es nur
einmal lesen kann.   Jean Paul

Tun Sie mir einen Gefallen? Überlegen Sie bitte einmal, wie viel
Zeit Sie an einem gewöhnlichen Tag wirklich im Hier und Jetzt
verbringen. Ohne dass Ihre Gedanken abdriften zu einem Ereignis in der Vergangenheit oder zu einem Vorhaben in der Zukunft.

Natürlich: Wir alle wollen aus Fehlern lernen, deshalb analysieren wir das Gestern immer intensiver. Keiner von uns ist scharf auf böse Überraschungen, deshalb planen wir das Morgen immer sorgfältiger. Aber wie viel Raum bleibt bei alldem für das Heute? Wie viel Aufmerksamkeit bleibt für den einen, immer neuen Augenblick, der doch das Leben eigentlich ausmacht? Das Lächeln eines Kindes etwa: Haben wir noch genug Zeit, um uns aus ganzem Herzen darüber zu freuen?

Die Kinder kennen weder Vergangenheit noch Zukunft, und – was uns Erwachsenen kaum passieren kann – sie genießen die Gegenwart.

Jean de La Bruyère

Die Schönheit ist da;
man muss nur ein Auge
dafür haben oder es
wenigstens nicht
absichtlich verschließen.

Theodor Fontane

Nichts ist selbstverständlich

An einem offenen Paradiesgärtlein geht der Mensch gleichgültig vorbei und wird erst traurig, wenn es verschlossen ist. Gottfried Keller

Nichts ist selbstverständlich – weder im Großen noch im Kleinen. Allein, dass wir am Leben sind, dass wir Teil des Wunders sein dürfen, ist ein ebenso unwiederbringliches Geschenk wie der eine kunterbunte Schmetterling, die eine zirpende Grille, die unseren Weg vielleicht heute kreuzten.

Unserem Verstand ist das alles klar. Aber haben wir es auch verinnerlicht? Neigen wir nicht dazu, Vertrautes als selbstverständlich einzuordnen? Begreifen viele von uns nicht erst nach dem Verlust eines Menschen oder eines Gegenstandes, wie bereichernd er zuvor für unser Leben war?

Je weniger wir in der Lage sind, die schönen Dinge zu sehen, die uns jeder Tag bietet, desto mehr Raum lassen wir in unserem Inneren für das Negative. Enttäuschungen, Ängste, Sorgen – keinem von uns bleiben sie erspart. Aber wir müssen ihnen das Feld nicht kampflos überlassen. Denn wir empfangen andererseits genügend Geschenke, an denen wir uns freuen können. Wenn wir es können.

Es gibt vieles, was unsere Kinder von uns lernen können und müssen. Doch wenn wir ganz ehrlich sind: Ist das, was wir Erziehung nennen, nicht auch Schuld daran, dass sie eine wichtige Fähigkeit *verlernen* – die Fähigkeit, sich voll und ganz dem Augenblick hinzugeben? Ist diese natürliche Begabung nicht auch in den

Kindern, die wir einst waren, mehr und mehr verkümmert? Je mehr wir über das Leben erfuhren, über seine Gefahren, über seine Risiken, desto weniger waren wir in der Lage, es zu leben. Warum fangen wir nicht gleich heute an, es erneut zu lernen? Am besten von Menschen, die es wirklich können – von unseren Kindern.

*Gar nichts zu tun,
das ist die schwierigste
Beschäftigung und
zugleich diejenige, die
am meisten Geist
voraussetzt.*

Oscar Wilde

Ist es ein Plädoyer für die Faulheit, das Oscar Wilde uns hier hält, will er eine Lanze brechen für das süße Leben? Oder sind es fernöstliche Meditations-Praktiken, von denen er spricht, entrückte Weisheiten, die sich im Mitteleuropa des 21. Jahrhunderts nur schwer nachvollziehen lassen? Beides ist möglich, aber

ziemlich unwahrscheinlich. Ich glaube, er möchte uns etwas ganz anderes sagen, etwas sehr Simples, das auch in unserem hektischen Alltag
seine Berechtigung hat: Man sollte sich immer nur mit einer einzigen
Sache zur gleichen Zeit beschäftigen. Auch – oder gerade? – wenn diese
Sache das Nichtstun ist. Ob es zur Erholung dient oder als Belohnung

– das Nichtstun ist eine Tätigkeit. Eine Tätigkeit, die ihren Zweck nur dann erfüllen kann, wenn unser Verstand währenddessen nicht ständig auf Hochtouren läuft. Wenn er nicht ohne Unterlass versucht, die Fragen des vergangenen Tages zu beantworten, die des kommenden zu formulieren. Wer es je versucht hat, der weiß, wie schwierig das ist.

Wo wir nicht sind, ist es stets am schönsten.

Jiddische Weisheit

*Die kleinen Bäche
machen schließlich die
großen Ströme aus.*

Französisches Spichwort

Das Leben nicht vergessen

Genau genommen leben nur wenige Menschen wirklich in der Gegenwart, die meisten haben nur vor, einmal richtig zu leben.

Jonathan Swift

Natürlich ist es für uns alle wichtig, Ziele zu haben. Große und kleine. Langfristige und spontane. Gemeinschaftliche und persönliche. Die damit verbundene Motivation gibt uns Tag für Tag einen Teil der Kraft, die wir zum Leben brauchen.

Doch oft wird unser Wunsch, die selbst gesteckten Ziele zu erreichen, allzu übermächtig. Wenn wir erst dort sind, sagt etwas in uns, wenn wir erst haben, was wir erstreben, dann können wir immer noch lernen zu genießen. Jetzt dürfen wir keine Zeit verlieren. Das Fatale dabei ist, dass wir unterwegs vergessen zu leben. Wir neigen dazu, jedes Ereignis, jedes Erlebnis unbewusst danach zu bewerten, ob es unserem Vorhaben nützt. Wir werden rastlos, ungeduldig und unzufrieden. Und vor allem: Wir haben keine Antennen mehr für all die kleinen und großen Freuden, denen wir begegnen.

Was können wir dagegen tun? Nichts anderes, als unsere Sinne zu schärfen für das Hier und Jetzt. Nichts anderes, als uns immer wieder bewusst zu machen, dass schon der Weg selbst ein erstrebenswertes Ziel darstellt.

Wenn man viel hineinzustecken hat, so hat ein Tag hundert Taschen.

Friedrich Nietzsche

*Nicht in die ferne Zeit verliere
dich, den Augenblick ergreife, er ist dein.*

Friedrich Schiller

Gib jedem Tag die Chance, der schönste deines Lebens zu werden.

Mark Twain

Heute zum Beispiel: Ich bin mit dem linken Fuß zuerst aufgestanden, habe einen Kratzer in mein neues Auto gefahren, mehrmals

meinen Text vergessen,
mir einen schiefen
Blick vom Regisseur
eingefangen. Ausge-
rechnet heute soll der
schönste Tag meines
Lebens werden? Dass
ich nicht lache!
Wahrscheinlich ist es
genau das, was Mark
Twain meint: Wenn wir
Tage, die so beginnen,

einfach abhaken, wenn wir uns nur noch um Schadensbegrenzung bemühen, dann berauben wir uns aller Chancen, die uns bis Mitternacht noch bleiben. Vielleicht übersehen wir einen Menschen, der sehr wichtig für uns werden könnte. Vielleicht ignorieren wir die Idee, die unser Leben bereichern würde. Vielleicht verpassen wir aber auch

»nur« den einen Glücksmoment, der heute noch auf uns wartet. Erst um 24 Uhr entscheidet sich, ob es »unser Tag« war oder nicht. Keine Sekunde, kein Erlebnis früher. Dass wir den Tag nicht vor dem Abend loben sollen, das hat man uns beigebracht. Aber verurteilen dürfen wir ihn?

Die Leute, die niemals Zeit haben, tun am wenigsten.

Georg Christoph Lichtenberg

Vergangenem nach-
träumen heißt Gegen-
wärtiges versäumen.

Griechisches Sprichwort

Zwischen Gestern und Morgen

Lebe jeden Tag, als ob es dein erster und dein letzter wäre.

Angelus Silesius

Was würde ich tun, wenn heute der erste Tag meines Lebens wäre? Blickte ich nicht voller Neugier in die Welt, voller Freude am Entdecken, voller Interesse auch an Kleinem, weil ich es von Großem noch gar nicht zu unterscheiden wüsste?

Was würde ich tun, wenn heute der letzte Tag meines Lebens wäre? Versuchte ich nicht, jede einzelne Sekunde zu genießen und zu nutzen? Hätte ich nicht den Wunsch, meinen Lieben endlich das zu sagen, was ich ihnen schon immer sagen wollte?

Warum tue ich es dann nicht? Das Gestern gibt es nicht mehr, das Morgen noch nicht. So gesehen ist das Heute tatsächlich der erste und gleichzeitig der letzte Tag meines Lebens. Und doch verliere ich mich mit unbeirrbarer Hartnäckigkeit in Vergangenheit und Zukunft, in einer irrealen Welt, die vielleicht nie so war und niemals so sein wird, wie sie in meinen Gedanken existiert.

Geht es Ihnen ähnlich? Tappen auch Sie immer wieder in dieselbe Zeitfalle, obwohl Sie längst begriffen haben, wie widersinnig das ist? Es gibt nur drei Dinge, die wir dagegen tun können: üben, üben und immer wieder üben.

Für den einen ist es Kitsch, für den anderen der Inbegriff von Romantik –
und beide haben Recht: Was ich erlebe während einer Gondelfahrt durch
Venedig, was ich fühle bei der Rast auf einer sonnenüberfluteten Piazza –
es ist mein Erlebnis, mein Gefühl. Es gehört mir, und niemand sonst.

Emotionen vertragen keine Filter, sie gehen kaputt daran. Wann immer ich mir erlaube, wirklich zu fühlen, was ich fühle, geht es mir besser. Wann immer ich mich unabhängig mache von Zeitgeist und Mode, atme ich freier. Wann immer ich es wage, ich zu sein, fange ich an zu leben.

Fremde Weidegründe
sehen immer fetter aus
als die eigenen.

Bulgarisches Sprichwort

Gibt es Gefühle, auf die
man stolz sein kann?
Und andere, derer man
sich schämen muss?
Psychologen verneinen

das. Sie weisen gern darauf hin, dass Emotionen wertfrei sind, dass allein ihre Existenz ihnen Daseinsberechtigung verleiht.

So weit die Theorie. Und wie ist es in der Praxis? Wenn wir jemanden beneiden beispielsweise, worum auch immer – geben wir das zu? Vor dem anderen, vor uns selbst? Kaum ein Gefühl hat ein so schlechtes Image wie der Neid. Kaum ein Gefühl arbeitet so sehr im Verborgenen. Vielleicht beeinflusst es deshalb das Leben so vieler Menschen.

Was wir sogar vor uns selbst verleugnen, dem können wir nichts entgegensetzen. Wenn wir also verhindern wollen, dass Neid unbewusst unser

Tun steuert, müssen wir ihn wahrnehmen. Nur dann sind wir in der Lage, ihn mit unserem Verstand zu bekämpfen. Der noch immer verbreitete Glaube, Gefühle seien ausnahmslos verlässlichere Ratgeber als die Vernunft, ist ein Irrglaube. Oder wie sinnvoll wäre es, in England seiner Intuition zu folgen und auf der rechten Straßenseite zu fahren?

*Jede Minute, die man
sich ärgert, kostet einen
sechzig Sekunden des
Glücks.*

Ralph Waldo Emerson

*Die Freude am Kleinen
ist die schwerste
Freude. Es gehört ein
königliches Herz dazu.*

Johann Wolfgang von Goethe

Unser Recht auf Glück

Der Mensch besitzt nichts Edleres und Kostbareres als die Zeit.

Ludwig van Beethoven

Würde Beethoven heute leben – seine Einsicht wäre keine Überraschung. Nicht Geld, nicht Gold beschreibt den Reichtum unserer Tage. Natürlich hat keiner von uns zu viel davon, und trotzdem haben wir alle genug. Und was ist mit dem Frieden? Was mit der Freiheit? Die meisten von uns bekamen in die Wiege gelegt, wofür einst jeder Kampf sich lohnte.

Dass Zeit zu unseren wichtigsten Luxusartikeln gehört, wer würde das heute noch ernsthaft bezweifeln? Wie aber kam Beethoven zu seinem Urteil? Gab es in seiner Epoche nicht bedeutendere Ideale?

Dass es sie – zumindest für ihn – ganz offensichtlich nicht gab, lässt dies den Wert jeder einzelnen Lebenssekunde nicht noch höher steigen? Wenn wir also nichts Kostbareres besitzen als die Zeit, die uns zur Verfügung steht: Warum gehen wir dann so achtlos mit ihr um? Je öfter wir uns diese Frage stellen, desto mehr öffnen wir unser Bewusstsein für den Genuss.

Niemand hat die Pflicht, sich über ein Geschenk zu freuen. Aber jeder hat das Recht dazu.

Das ist groß und schön, von Kleinem

glücklich zu werden.

Marie von Ebner-Eschenbach

Der Augenblick ist
die Wiege der Zukunft.

Franz Grillparzer

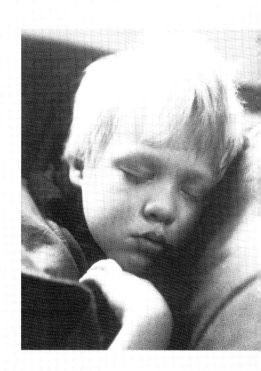

Wenn die Zeit gekommen ist, in der man könnte, ist die vorüber, in der man kann.

Marie von Ebner-Eschenbach

Die Zukunft – das ist die Zeit, in der unser Leben so sein könnte, wie wir es uns wünschten. Oder ist es die Zeit, von der wir nur wünschten, dass es so sein würde, wie es sein

müsste? Sollten uns die vielen Konjunktive nicht stutzig machen? Die Zukunft – in Wahrheit ist sie nicht mehr als eine Vorstellung, ein Versprechen, von dem wir nicht wissen, ob es tatsächlich gehalten wird. Nur, wenn wir so mit ihr umgehen, werden wir in der Gegenwart keine Möglichkeit versäumen.

Redaktion: Peter Rosenberger

Bildnachweis:
Umschlagbild: Ch. Palma
Alle Schwarz-Weiß-Bilder: Michael Ande
Farbbilder: S. 7, 16, 34/35: U. Schneiders; S. 8: G. Burbeck; S. 9: Marco/Dr. G. Wagner; S. 11: E. Krenkel;
S. 14/15: Ritterbach/IFA-Bilderteam; S. 17: H. Baumann; S. 18: A. Albinger; S. 19: Jung/E. Geduldig;
S. 21: H. Mutschler-Thamm; S. 24/25: Müller/Görsch/E. Geduldig; S. 26, 41: R. Blesch; S. 27: Chromo-
sohm/IFA-Bilderteam; S. 28: G. u. S. Stein; S. 29: Farkaschovsky/E. Geduldig; S. 31: W. Wirth; S. 36, 39:
N. Kustos; S. 37: Kopetzky/IFA-Bilderteam; S. 38: K. Radtke; S. 44/45: Zimmert/Dr. G. Wagner

Bibliografische Information Der Deutschen Bibliothek
Die Deutsche Bibliothek verzeichnet diese Publikation in der Deutschen
Nationalbibliografie; detaillierte bibliografische Daten sind im Internet
über http://dnb.ddb.de abrufbar.

ISBN 3-8256-4851-6
Bestell-Nr. 94851
© 2003 by SKV-EDITION, Lahr/Schwarzwald
Gestaltung: Ch. Karádi
Gesamtherstellung:
St.-Johannis-Druckerei, Lahr/Schwarzwald
Printed in Germany 108957/2003